DONIZETTI:
DON PASQUALE

Opera en Tres Actos

ꟷ

Traducción al Español y Comentarios
por E. Enrique Prado

Libreto Escrito por el Compositor
y por Giovanni Ruffini

Jugum Press

Segunda edición impresa: Octubre de 2016

ISBN-13: 978-1-939423-63-4
ISBN-10: 1-939423-63-5

Cubierta de libro:
Barítono Luigi Lablache como Don Pasquale–1843,
por Dominique Lintricoire (1796–1854)
y Gaetano Donizetti (1797–1848), compositor,
grabado alrededor de 1730 – artista no identificado
de Wikimedia Commons – en.wikipedia.org
(en el dominio público en los Estados Unidos y otros países)

Impreso en los Estados Unidos de América
Publicado por Jugum Press
www.jugumpress.com

Edición y diseño:
Annie Pearson, Jugum Press
Consultas y correspondencia:
jugumpress@outlook.com

☙

Índice

Prefacio ☙ Don Pasquale

Gaetano Donizetti (1797–1848) escribió *Don Pasquale* cuando se encontraba en el pináculo de su carrera operística. Esta ópera cómica la escribió sobre el libreto de Ruffini a solicitud del Théâtre Italien de Paris.

Donizetti tardó solo once días en componer *Don Pasquale* aunque la orquestación y algunos ajustes exigidos por los cantantes le tomaron algún tiempo. El 3 de Enero de 1843 la obra fue estrenada con grán éxito y muy pronto se presentó a nivel mundial en forma muy exitosa.

Donizetti escribió un total de 66 óperas.

ꕤ

Sinopsis ꕤ Don Pasquale

Acto I

Una habitación en la casa de Don Pasquale.

El anciano y rico Don Pasquale está furioso con su sobrino Ernesto, su único heredero, porque el joven no está de acuerdo en contraer matrimonio de conveniencia arreglado por su tío, con una rica mujer.

El joven y guapo Ernesto está enamorado de una joven y bella viuda de nombre Norina cuyo imperdonable pecado es el de ser pobre. El viejo no quiere ni ver ni oír nada de ella y amenaza a Ernesto con desheredarlo si insiste en casarse con la joven viuda.

El Doctor Malatesta, amigo tanto de don Pasquale como de la joven pareja decide ayudarlos a obtener el consentimiento del viejo.

El doctor urde un plan que consistente en proponer a su supuesta hermana de nombre Sofronia para que se case con el viejo y le haga la vida placentera. Don Pasquale queda muy complacido con el proyecto y le ruega a su amigo que le presente a Sofronia. El Dr. instruye a Norina para que haga el papel de Sofronia y conquiste al viejo y contraiga matrimonio con él en una ceremonia falsa.

Acto II

En la casa de Don Pasquale.

El viejo queda prendado por la belleza y la dulzura de la supuesta Sofronia y pide que los casen de inmediato.

Otro amigo, disfrazado de notario es llamado para que se firme el contrato de matrimonio. Ernesto llega a presenciar la boda y queda horrorizado al ver a

Norina a punto de casarse con el anciano, pero el doctor en forma muy discreta le informa que se trata de una boda falsa ante notario falso.

Una vez que el contrato ha sido firmado, Norina comienza a actuar la segunda parte del plan consistente en mostrarse como una mujer despilfarradora, extravagante y de baja moral. Ella pretende re-decorar la casa de inmediato y pide que su supuesto marido, le compre joyas y ropajes muy costosos con lo cual Don Pasquale se llenará de cuentas por pagar.

Acto III

Don Pasquale se da cuenta de que su esposa es insaciable, ella desea divertirse y se prepara para asistir al teatro, Don Pasquale intenta detenerla y ella en respuesta lo abofetea. Mientras ella se dirige hacia afuera de la casa, deja caer a propósito una nota de Ernesto en la cual él la invita a encontrarse esa noche en el jardín.

El anciano envía por el Dr. Malatesta que está enterado del plan y ambos salen al jardín en donde se encuentran con Sofronia y Malatesta le dice que al día siguiente, Norina va a venir a la casa.

Sofronia anuncia que ella no tolerará esa ofensa y se retira furiosa ante la alegría de Don Pasquale, y en ese momento se le hace saber al viejo que todo fue un engaño para él, entonces inicialmente él se enoja, pero se llena de alegría al saberse liberado de la terrible Sofronia y entonces da su consentimiento para que Norina y Ernesto contraigan matrimonio.

Reparto ꧁ Don Pasquale

DON PASQUALE – un rico y viejo solterón, Bajo
DOCTOR MALATESTA – su gran amigo, Barítono
ERNESTO – joven sobrino de Don Pasquale, Tenor
NORINA – una joven y bella viuda, Soprano
NOTARIO – el notario, Bajo

La acción tiene lugar en Roma, la Ciudad Eterna,
durante la primera mitad del siglo XIX.

Acto I

Escena Primera

(Sala en casa de Don Pasquale)

DON PASQUALE
Son nov'ore; di ritorno
il Dottor esser dovria.
Zitto ... parmi ... è fantasia ...
forse il vento che passò,
Che boccon di pillolina,
nipotino, vi preraro!
Vo' chiamarmi don Somaro
se veder non ve la fo.

1. Son las nueve;
el doctor ya debería estar de vuelta.
Silencio... me parece... fantasías...
quizá el viento que sopló.
¡Qué pildorita, sobrinito,
la que te estoy preparando!
¡Que me llamen don Asno
si no te la hago tragar!

DOTTOR MALATESTA
È permesso?

2. ¿Se puede?

DON PASQUALE
Avanti, avanti.
Dunque?

3. Pasad, pasad ...
¿Y pues?

DOTTOR MALATESTA
Zitto, con prudenza.

4. ¡Chitón, con prudencia!

DON PASQUALE
Io mi struggo d'impazienza.
La sposina?

5. Me consume la impaciencia.
¿Y la novia?

DOTTOR MALATESTA
Si trovò.

6. La encontré.

DON PASQUALE
Benedetto!

7. ¡Gracias a Dios!

DOTTOR MALATESTA
(fra sè)
Che babbione!

(a don Pasquale)
Proprio quella che ci vuole.
Ascoltate, in due parole
il ritratto ve ne fo'.

8. *(para sí)*
¡Que bobalicón!

(a don Pasquale)
Justo la que os hace falta.
Escuchad, en dos palabras
os haré el retrato.

DON PASQUALE
Son tutt'occhi, tutto orecchie,
muto, attento a udir vi sto.

9. Soy todo ojos, todo oídos,
mudo, escuchare sin decir palabra.

DOTTOR MALATESTA
Udite:
Bella siccome un angelo
in terra pellegrino,
fresca siccome il giglio
che s'apre in sul mattino,
occhio che parla e ride,
sguardo che i cor conquide.
Chioma che vince l'ebano,
sorriso incantator.

10. Escuchad pues:
Bella como un ángel
en la tierra peregrino,
fresca como la azucena
que se abre al amanecer,
ojos que hablan y ríen,
mirada que los corazones conquista,
cabellera que supera al ébano,
y sonrisa hechicera.

DON PASQUALE
Sposa simile! Oh giubilo!
Non cape in petto il cor.

11. ¡Esposa tal! ¡Oh jubilo!
No me cabe en el pecho el corazón.

DOTTOR MALATESTA
Alma innocente, ingenua,
che sé medesma ignora,
modestia impareggiabile,
bonta che v'innamora,
ai miseri pietosa,
gentil, dolce, amorosa.
Il ciel l'ha fatta nascere
per far beato un cor.

12. Alma inocente, ingenua,
que a si misma se ignora,
modestia sin par,
bondad que enamora,
con los desvalidos piadosa,
gentil, dulce, amorosa,
el cielo la hizo nacer
para hacer feliz un corazón.

DON PASQUALE
Famiglia?

13. ¿Familia?

DOTTOR MALATESTA
Agiata, onesta.

14. Pudiente, honrada.

DON PASQUALE
Il nome?

15. ¿Se llama?

DOTTOR MALATESTA
Malatesta.

16. Malatesta.

DON PASQUALE
Sarà vostro parente?

17. ¿Acaso pariente suya?

DOTTOR MALATESTA
Alla lontana un po' ...
E mia sorella.

18. Algo lejana ...
Es mi hermana.

DON PASQUALE
Oh gioia!
È quando di vederla,
quando mi fia concesso?

19. ¡Oh, alegría!
Y cuando verla
me será concedido?

DOTTOR MALATESTA
Stasera sul crepuscolo.

20. Esta tarde, al anochecer.

DON PASQUALE
Stasera? Adesso, adesso.
Per carita, dottore!

21. ¡Esta tarde? ¡Ahora, ahora!
¡Por caridad, doctor!

DOTTOR MALATESTA
Frenate il vostro ardore,
quetatevi, calmatevi,
fra poco qui verra.

22. Frenad vuestro ardor,
tranquilizaos, calmaos,
dentro de poco vendrá.

DON PASQUALE
Da vero?

23. ¿De veras?

DOTTOR MALATESTA
Preparatevi,
e ve la porto qua.

24. Preparaos y os la traeré.

DON PASQUALE
Oh caro!

25. ¡Oh querido!

DOTTOR MALATESTA
Ma udite ...

26. Pero escuchadme ...

DON PASQUALE
Non fiatate!

27. ¡No digáis más nada!

DOTTOR MALATESTA
Sì, ma ...

28. Sí, pero ...

DON PASQUALE
Non c'è ma,
o casco morto qua.
Un foco insolito
mi sento addosso,
omai resistere
io più non posso.
Dell'età vecchia
scordo i malanni,
mi sento giovine
como a vent'anni.
Deh! Cara, affrettati.
Vieni sposina!
Ecco, di bamboli
mezza dozzina
veggo già nascere,
veggo già crescere,
veggo scherzar.
Son rinato.
Or si parli al nipotino:
a fare il cervellino
veda che si guadagna.

(Ernesto entrano)
Eccolo appunto.

(a Ernesto)
Giungete a tempo.
Stavo per mandarvi a chiamare.
Favorite. Non vo' farvi un sermone,
vi domando un minuto d'attenzione.
È vero o non è vero
che, saranno due mesi
io v'offersi la man d'una zitella
nobile, ricca e bella?

29. No hay pero que valga,
o caeré muerto aquí mismo.
Un fuego insólito
en mi siento arder,
que resistir
ya no puedo más.
De la vejez
olvido los achaques,
me siento joven
como a los veinte años.
¡Eh! ¡Querida, date prisa!
¡Ven, mujercita mía!
De chiquillos
media docena
ya veo nacer,
veo crecer,
veo retozar.
Me siento renacer.
Ahora le hablaremos al sobrinito:
verá lo que gana
por ser tan testarudo.

(entra Ernesto)
¡Aquí está!

(a Ernesto)
Llegas a tiempo.
Iba a mandarte llamar.
Siéntate, no trato de sermonearte,
sólo te pido un minuto de atención,
¿Es verdad o no es verdad,
que, hará unos dos meses,
te ofrecí la mano de una doncella
noble, rica y bella?

ERNESTO
È vero.

30. Es verdad.

DON PASQUALE Promettendovi, per giunta un bel assegnamento, e alla mia morte quanta possiedo?	31.	¿Y además prometí asignarte una buena pensión, y a mi muerte, darte todo lo que poseo?
ERNESTO È vero.	32.	Es verdad.
DON PASQUALE Minacciando, in caso di rifiuto, diseredavi e a torvi ogni speranza, ammogliarmi, se è d'uopo?	33.	Te amenacé, en caso de negarte, con desheredarte y, para privarte de toda esperanza, casarme si fuera necesario?
ERNESTO È vero.	34.	Es verdad.
DON PASQUALE Or bene, la sposa che v'offersi or sono due mesí ve l'offro ancor.	35.	Pues bien, la esposa que te ofrecí hace dos meses te la ofrezco todavía.
ERNESTO Non posso: amo Norina, la mia fede e impegnata.	36.	No puedo aceptar: amo a Norina, mi palabra está comprometida.
DON PASQUALE Sí, con una spiantata.	37.	Sí, con una pobretona.
ERNESTO Rispettate una giovane povera, ma onorata e virtuosa.	38.	Respetad a una joven pobre, pero honrada y virtuosa
DON PASQUALE Siete proprio deciso?	39.	¿Estás totalmente decidido?
ERNESTO Irrevocabilmente.	40.	Irrevocablemente.

DON PASQUALE
Or bene, pensate
a trovarvi un alloggio.

41. Pues bien, ya puedes pensar
en buscar alojamiento.

ERNESTO
Così mi discacciate?

42. ¿Así que me echáis?

DON PASQUALE
La vostra ostinazione
d'ogni impegno mi scioglie.
Fate di provvedervi, io prendo moglie.

43. Tu obstinación me libra
de cualquier compromiso.
Espiliate ... Yo me caso.

ERNESTO
Prender moglie?

44. ¿Os casáis?

DON PASQUALE
Sí, signore.

45. Sí, señor.

ERNESTO
Voi?

46. ¿Vos?

DON PASQUALE
Quel desso in carne ed ossa.

47. El mismo que viste y calza.

ERNESTO
Perdonate la sorpresa.

48. Disculpad mi sorpresa.

DON PASQUALE
Io prendo moglie.

49. Yo me caso.

ERNESTO
Oh, questa e grossa! Voi?

50. ¡Ésta sí que es buena! ¿Vos?

DON PASQUALE
L'ho detto e lo ripeto.
Io, Pasquale da Corneto,
possidente, qui presente,
d'annunziarvi ho l'alto onore
che mi vado ad ammogliar.

51. Te lo he dicho y lo repito.
Yo, Pasquale da Cometo,
propietario, aquí presente,
tengo el honor de anunciar
que me voy a casar.

ERNESTO
Voi scherzate.

52. ¿Bromeáis?

DON PASQUALE
Scherzo un corno.

53. Bromear ... ¡Un cuerno!

ERNESTO
Si, si scherzate.

54. Sí, sí estáis bromeando.

DON PASQUALE
Lo vedrete al nuovo giorno.
Sono, è vero, stagionato,
ma ben molto conservato,
e per forza e vigoria
me ne sento da prestar.
Voi, frattanto, signorino,
preparatevi a sfrattar.

55. Mañana lo verás.
Soy, es verdad, maduro,
pero muy bien conservado,
y con fuerza y vigor,
estoy preparado para cortejar.
Tú, entretanto, señorito,
prepárate a desalojar.

ERNESTO
(fra sè)
Ci volea questa mania
i miei piani a rovesciar!
Sogno soave e casto
de' miei prim'anni, addio.
Bramai ricchezze e fasto
solo per te, ben mio:
povero, abbandonato,
caduto in basso stato,
pria che vederti misera,
cara, rinunzio a te.

56. *(para sí)*
¡Sólo faltaba está manía
para mis proyectos desbaratar!
Sueño suave y casto
de mi juventud, adiós.
Ambicione riquezas y fiestas
sólo para ti, bien mío.
Pobre, abandonado,
caído en desgracia,
antes que verte en la miseria, querida,
a ti renuncio.

DON PASQUALE
(fra sè)
Ma veh, che originale!
Che tanghero ostinato!
Adesso, manco male,
mi par capacitato.
Ben so dove gli duole,
ma è desso che lo vuole,
altri che sè medesimo
egli incolpar non può!

57. *(para sí)*
¡Mira, qué original!
¡Vaya un patán obstinado!
Ahora, menos mal,
parece haber comprendido.
Sé bien cómo le duele,
pero él se lo ha buscado,
a nadie más que a sí mismo
puede echar la culpa.

ERNESTO
Due parole ancor di yolo.

58. Quiero agregar dos palabras.

DON PASQUALE
Son qui tutto ad ascoltarvi.

59. Aquí estoy para escucharte.

ERNESTO
Ingannar si puote un solo:
ben fareste a consigliarvi.
Il dottore Malatesta
è persona grave, onesta.

60. Quizás estéis equivocado,
haríais bien en solicitar un consejo.
El doctor Malatesta
es persona seria y honrada.

DON PASQUALE
L'ho per tale.

61. Por tal le tengo.

ERNESTO
Consultatelo.

62. Consultadle.

DON PASQUALE
E già bello e consultato.

63. Ya le he consultado.

ERNESTO
Vi sconsiglia?

64. ¿Y os lo desaconsejó?

DON PASQUALE
Anzi, al contrario,
m'incoraggia, n'è incantato.

65. Todo lo contrario,
me dio coraje ... él está encantado.

ERNESTO
Come? Come? Oh, questa poi ...

66. ¿Como? ¿Como? No es posible ...

DON PASQUALE
Anzi, a dirla qui fra noi,
la capite? ... la zitella,
ma silenzio ... è sua sorella.

67. Dicho sea entre nosotros,
la ... ¿comprendes? ... la muchacha ...
pero ... silencio ... es su hermana.

ERNESTO
Sua sorella! Che mai sento?

68. ¡Su hermana! ¡Qué oigo!

DON PASQUALE
Sua sorella!

69. ¡Su hermana!

ERNESTO
Del dottore?

70. ¿Del doctor?

DON PASQUALE
Del dottor.

71. Del doctor.

ERNESTO
(fra sè)
Mi fa il destin mendico,
perdo colei che adoro,
in chi credevo amico
discopro un traditor!
D'ogni conforto privo,
misero! A che pur vivo?
Ah! non si dà martoro
eguale al mio martor!

72. *(para sí)*
¡El destino me hace mendigo,
pierdo a la que adoro
y en quien creía mi amigo
descubro a un traidor!
De todo consuela privado, ¡miserable!
¿Para qué vivir?
¡Ah, no hay un sufrimiento
igual a mi martirio!

DON PASQUALE
(fra sè)
L'amico è bello e cotto,
non osa far un motto,
in sasso s'è cangiato,
l'affoga il crepacuor.
Si roda, gli sta bene,
ha quel che gli conviene:
Impari lo sventato
a fare il bello umor.

73. *(para sí)*
Nuestro amigo está anonadado,
no osa decir ni una palabra,
ha quedado paralizado,
le ahoga la congoja.
Que rabie, le viene bien,
tiene lo que se merece:
así aprende el calavera
a hacerse el gracioso.

Escena Segunda

(Una sala en casa de Norina)

NORINA
«Quel guardo il cavaliere
in mezzo al cor trafisse;
piegò il ginocchio e disse:
Son vostro cavaliere!
È tanto era in quel guardo
sapor di paradiso,
che il cavalier Riccardo,
tutto d'amor conquiso,
giurò che ad altra mai
non volgeria il pensier.»
Ah, ah! Ah, ah!

74. «Aquella mirada al caballero
en mitad del corazón hirió;
dobló la rodilla y dijo:
"Soy vuestro caballero."
Y tanto había en aquella mirada
del aroma del paraíso,
que el caballero Ricardo,
por el amor conquistado,
juró que jamás a ninguna otra
dirigiría su pensamiento.»
¡Ja! ¡Ja! ¡Ja! ¡Ja!

NORINA *(continuato)*
So anch'io la virtù magica
d'un guardo a tempo e loco,
so anch'io come si bruciano
i cori a lento foco;
d'un breve sorrisetto
conosco anch'io l'effetto,
di menzognera lagrima,
d'un subito languor.
Conosco i mille modi
dell'amorose frodi,
i vezzi e l'arti facili
per adescar un cor.
Ho testa bizzarra,
son pronta, vivace,
brill are mi piace,
mi piace scherzar.
Se monto in furore
di rado sto al segno,
ma in riso lo sdegno
fo presto a cambiar.
È il dottor non si vede!
Oh, che impazienza!
Del romanzetto ordito
a gabbar Don Pasquale,
ond'ei toccommi in fretta,
poco o nulla ho capito,
ed or l'aspetto ...

(Entra un servo con una lettera)
La man d'Ernesto ... io tremo.

(continuó)
También yo conozco la magia
de una mirada en el momento oportuno,
también yo sé cómo se abrasan
los corazones a fuego lento;
de una breve sonrisa
también conozco el efecto,
el de una engañosa lágrima,
el de una súbita languidez.
Conozco los mil modos
del amoroso juego,
los melindres y fáciles artificios
para halagar un corazón.
Soy caprichosa,
soy ágil y vivaz,
brillar me place,
me gusta bromear.
Si monto en cólera,
es raro si me contengo,
mas en risa el enojo
me apresuro a cambiar.
¡Y el doctor no aparece!
¡Oh, qué impaciencia!
De la falacia urdida
para embaucar a don Pasquale,
me habló tan apresurado
que poco o nada comprendí
y ahora le espero ...

(Entra un criado y le entrega una carta)
Es la letra de Ernesto ... tiemblo

DOTTOR MALATESTA
(entrano)
Buone nuove, Norina.
Il nostro stratagemma ...

75. *(entrando)*
¡Buenas noticias, Norina!
Nuestra estratagema ...

NORINA
Me ne lavo la mani.

76. Me lava las manos.

DOTTOR MALATESTA
Come? Che fu?

77. ¿Como? ¿Qué sucedió?

NORINA

Leggete.

78. Lee.

DOTTOR MALATESTA

(leggendo)
«Mia Norina, vi scrivo
colla morte nel cor.»
(Lo farem vivo.)
«Don Pasquale, aggirato
da quel furfante ... » (Grazie!)
«Da quella faccia doppia del dottore,
sposa una sua sorella,
mi scaccia di sua casa,
mi disereda infine.
Arnor m'impone di rinunziare a voi.
Lascio Roma oggi stesso,
e quanto prima l'Europa. Addio. Siate felici.
Questo è l'ardente mio voto.
Il vostro Ernesto.»
Le solite pazzie!

79. *(leyendo)*
«Norina mía, te escribo
con la muerte en el corazón.»
(Le reviviremos.)
«Don Pasquale, embrollado
por aquel farsante, (¡Gracias!)
por ese medicucho ...
... se casa con una hermana suya,
me echa de su casa y,
finalmente, me deshereda.
El amor me impone renunciar a ti.
Dejo Roma hoy mismo,
y cuanto antes Europa. Adiós. Sé feliz.
Este es mi ardiente voto.
Tuyo, Ernesto.»
¡Las tonterías de siempre!

NORINA

Ma s'egli parte!

80. ¿Pero, y si se va?

DOTTOR MALATESTA

Non partirà, v'accerto.
In quattro salti son da lui,
della nostra trama
lo metto a parte, ed ei rimane
e con tanto di cor.

81. No se irá, te lo aseguro.
En cuatro saltos estaré a su lado,
de nuestra intriga
lo pondré al tanto,
y quedará con el corazón contento.

NORINA

Ma questa trama
si può saper qual sia?

82. ¿Pero esta intriga
se puede saber de qué se trata?

DOTTOR MALATESTA

A punire il nipote,
che opponsi alle sue voglie,
Don Pasquale s'è deciso: a prender moglie.

83. Para castigar al sobrino,
que se opone a sus deseos,
don Pasquale ha decidido casarse.

NORINA

Già mel diceste.

84. Ya me lo dijisteis.

DOTTOR MALATESTA
Or ben, io, suo dottore,
vistolo così fermo nel proposito,
cambio tattica, e tosto,
nell'interesse vostro e in quel d'Ernesto,
mi pongo a secondarlo.
Don Pasquale sa
ch'io tengo al convento una sorella.
Vi fo passar per quella
egli non vi conosce e vi presento
pria ch'altri mi prevenga;
vi vede e resta cotto.

85. Pues bien, yo, su doctor,
viéndole tan firme en su propósito,
cambio de táctica, y rápido,
en tu interés y en el de Ernesto,
comienzo a secundarle.
Don Pasquale sabe que yo tengo
una hermana en un convento.
Te hago pasar por ella,
él no te conoce, y te presento
antes de que otro se me adelante;
te ve y se enamora.

NORINA
Va benissimo.

86. Muy bien.

DOTTOR MALATESTA
Caldo, caldo vi sposa.
Carlotto, mio cugino,
ci farà da Notaro.
Al resto poi tocca pensare a voi.
Lo fate disperar: il vecchio impazza.
l'abbiamo a discrezione ...
È allor ...

87. Rápidamente se casa contigo.
Carlotto, mi primo,
hará de notario.
El resto te corresponde a ti.
Lo haces desesperar: el viejo enloquece.
Lo tenemos en nuestras manos ...
Entonces ...

NORINA
Basta. Ho capito.

88. Basta. Comprendo.

DOTTOR MALATESTA
Va benone.

89. Está bien.

NORINA
Pronta io son; purch'io non manchi
all'amor del caro bene,
farò imbrogli, farò scene,
so ben io quel ch'ho da far.

90. Estoy dispuesta; siempre que no manche
el amor de mi amado,
urdiré embrollos, haré escenas,
sé bien lo que debo hacer.

DOTTOR MALATESTA
Voi sapete se d'Ernesto sono amico,
e ben gli voglio;
solo tende il nostro imbroglio
Don Pasquale a corbellar.

91. Sabes que de Ernesto soy amigo
y que le quiero;
lo que pretende nuestro embrollo
es a don Pasquale burlar.

NORINA
Siamo intesi; prendo impegno.

92. De acuerdo; me comprometo a ello.

DOTTOR MALATESTA
Io la parte ora v'insegno.

93. Ahora te enseñaré tu papel.

NORINA
Mi volete fiera o mesta?

94. ¿Me quieres altiva o dócil?

DOTTOR MALATESTA
No, la parte non e questa.

95. No, el papel no es ése.

NORINA
Ho da pianger, da gridar?

96. ¿He de llorar o gritar?

DOTTOR MALATESTA
State un poco ad ascoltar.
Convien far la semplicetta.

97. Escúchame.
Te conviene hacerte la tonta.

NORINA
La semplicetta?

98. ¿La tonta?

DOTTOR MALATESTA
Or la parte ecco v'insegno.

99. Ahora te enseñare el papel.

NORINA
Posso in questa dar lezione.

100. En eso puedo dar lecciones.

DOTTOR MALATESTA
Collo torto, bocca stretta.

101. La cabeza, de lado; la boca cerrada.

NORINA
Or proviam quest'altra azione.
Mi vergogno, son zitella,
grazie, serva, signor sí.

102. Ahora probemos esto otro.
Me avergüenzo, soy doncella,
gracias, servidora, sí señor.

DOTTOR MALATESTA
Brava, brava, bricconcella!
Va benissimo così.

103. ¡Bravo, bravo, bribonzuela!
Así está muy bien.

NORINA

Vado, corro al gran cimento
pieno ho il core d'ardimento;
a quel vecchio, affé, la testa
questa volta ha da girar.
M'incomincio a vendicar.
Quel vecchione rimbambito
a' miei voti invan contrasta;
io l'ho detto e tanto basta
la saprò, la vo' spuntar.

104. Voy, me dispongo al gran acontecimiento,
pleno el corazón de audacia;
a aquel viejo, a fe mía,
la cabeza haré bajar.
Empiezo a vengarme.
Ese vejestorio atontado
a mis deseos se opone en vano;
lo he dicho y basta,
sabré salirme con la mía.

DOTTOR MALATESTA

Sí, corriamo al gran cimento,
pieno ho il core d'ardimento.
A quel vecchio, affe la testa
questa volta ha da girar.
Poco pensa Don Pasquale
che boccon di temporale
si prepari in questa punto
sul suo capo a rovinar.
Urla e fischia la bufera
veggo il lampo, il tuono ascolto;
la saetta fra non molto
sentiremo ad iscoppiar.

105. Sí, dispongámonos al acontecimiento,
pleno el corazón de audacia;
a aquel viejo, a fe mía,
la cabeza haré bajar.
Poco se imagina don Pasquale
la preciosidad de tormenta
que se prepara en estos momentos
a desatarse sobre su cabeza.
Ulula y silba el huracán,
veo el rayo, el trueno escucho;
pronto oiremos
la tormenta estallar.

Acto II

Escena Primera

(En una sale en la casa de Don Pasquale)

ERNESTO

Povero Ernesto! Dallo zio cacciato,
da tutti abbandonato;
mi restava un amico
discopro in lui che a' danni miei congiura.
Perder Norina, oh Dio!
Ben feci a lei d'esprimere
in un foglio i sensi miei.
Ora in altra contrada
i giorni grami a trascinar si vada.
Cercherò lontana terra
dove gemer sconosciuto;
là vivrò col cuore
in guerra
deplorando il ben perduto;
ma né sorte a me nemica,
né frapposti monti e mar,
ti potranno, o dolce amica,
dal mio seno cancellar.
È se fia che ad altro oggetto
tu rivolga un giorno il core,
se mai fia che un nuovo affetto
spenga in te l'antico ardore,
non temer che un infelice
te spergiura accusi al ciel;
se tu sei, ben mio, felice,
sarà pago il tuo fedel.

(Don Pasquale e un servo.)

106. ¡Pobre Ernesto! Por el tío echado,
por todos abandonado;
me quedaba un amigo
y descubro que él contra mi conspira.
¡Perder a Norina, oh Dios!
Hice bien en expresarle
en una carta mis sentimientos.
Ahora, a otras tierras
mis desventurados días iré a terminar.
Buscaré una tierra lejana
donde, ignorado, gemir;
allí con el corazón
viviré en angustia,
deplorando mi perdido bien;
pero, ni la suerte adversa,
ni los montes que nos separan, ni el mar,
podrán, dulce amiga,
de mi corazón borrarte.
Y si acaso a otro objeto
diriges un día tu corazón,
si acaso otro afecto
apaga en ti el antiguo ardor,
no temas que de perjurio
te acuse al cielo;
sí, tú eres, mi bien, feliz,
tu fiel amante satisfecho estará.

(Entra Don Pasquale con un criado.)

DON PASQUALE

Quando avrete introdotto
il dottor Malatesta
e chi è con lui ricordatevi bene,
nessuno ha più da entrar: guai se lasciate
rompere la consegna! Adesso andate.
Per un uom sui settanta ...
zitto, che non mi senta la sposina
convien dir che son lesto
e ben portante.
Con questa boccon poi di toilette ...
Alcun viene ...
Eccoli. A te me raccomando, Imene.

107. Cuando entren el doctor Malatesta
y quien viene con él, recuerda bien,
nadie más debe entrar:
¡pobre de ti si rompes la consigna!
Ahora vete.
Para un hombre que ronda los setenta ...
silencio, que no escuche la novia,
convengamos que estoy ágil
y con buen aspecto.
Además, con estas hermosísimas galas ...
Alguien viene ...
Aquí llegan ... A ti me encomiendo,
Himeneo.

(Le dottore e Norina entrano)

(Entran el doctor y Norina, con un velo.)

DOTTOR MALATESTA

Via, coraggio.

108. Vamos, coraje.

NORINA

Reggo appena. Tremo tutta ...

109. Apenas me sostengo. Tiemblo toda ...

DOTTOR MALATESTA

V'inoltrate.

110. Adelante.

NORINA

Ah fratel, non mi lasciate.

111. ¡Ah, hermano mío, no me dejes!

DOTTOR MALATESTA

Non temete.

112. No temas.

NORINA

Per pietà!

113. ¡Por piedad!

DOTTOR MALATESTA

(a don Pasquale)
Fresca uscita di convento.
natural è il turbamento.
Per natura un po' selvatica,
mansuefarla a voi si sta,
Mosse, voce, portamento,
tutto è in lei semplicita.

114. *(a don Pasquale)*
Recién salida del convento,
es natural su turbación.
De naturaleza asustadiza,
a vos os corresponde educarla,
Ademanes, voz, porte,
todo en ella es sencillez.

DON PASQUALE
Mosse, voce, portarnento,
tutto è in lei semplicità,
La dichiaro un gran portento
se risponde la beltà.

115. Ademanes, voz, porte,
todo en ella es sencillez.
Será portento,
si le corresponde su belleza.

NORINA
(fra sè)
Sta a vedere, vecchio matto,
ch'or ti servo come va.

116. *(para sí)*
Vas a ver, viejo loco,
cómo te arreglo yo.

(a Malatesta)
Ah, fratello!

(a Malatesta)
¡Ah, hermano!

DOTTOR MALATESTA
Non temete.

117. No temas.

NORINA
A star sola mi fa male.

118. Estar sola me hace mal.

DOTTOR MALATESTA
Cara mia, sola non siete;
ci son io, c'è Don Pasquale ...

119. Querida mía, no estás sola;
aquí estoy yo, está don Pasquale ...

NORINA
Come? Un uomo! Ah, me meschina!
Presto, andiamo, fuggiamo di qua.

120. ¿Cómo? ¡Un hombre! ¡Ah, pobre de mí!
¡Rápido, vamos, huyamos de aquí!

DON PASQUALE
Dottore, dottore!
Com'e è cara e modestina
nella sua semplicità.

121. ¡Doctor, doctor!
¡Qué adorable es, tan modesta
en su sencillez!

DOTTOR MALATESTA
(fra sè)
Com'è scaltra, malandrina!
Impazzire lo farà!

122. *(para sí)*
¡Qué astuta es la pícara!
¡Le hará enloquecer!

(a Norina)
Non abbiate paura,
è Don Pasquale, padrone e amico mio,
il re dei galantuomini.
Rispondete al salute.

(a Norina)
No tengas miedo,
es don Pasquale, un señor amigo mío,
de gran caballerosidad.
Contesta a su saludo.

NORINA
Grazie, serva.

123. Gracias, servidora.

DON PASQUALE
Oh ciel! Che bella mano!

¡Oh cielos! ¡Qué hermosa mano!

DOTTOR MALATESTA
(fra sé)
E già cotto a quest'ora.

DOTTOR MALATESTA
124. *(para sí)*
Ya está embaucado.

NORINA
(fra sé)
Oh, che baggiano!

125. *(para sí)*
¡Menudo bobalicón!

DOTTOR MALATESTA
(a don Pasquale)
Che ne dite?

DOTTOR MALATESTA
126. *(a don Pasquale)*
¿Qué me dice?

DON PASQUALE
È un incanto, ma quel velo ...

127. Es un encanto, pero ese velo ...

DOTTOR MALATESTA
Non oseria, son certo,
a sembiante scoperto
parlare a un uom.
Prima l'interrogate,
poscia vedrem.

DOTTOR MALATESTA
128. No osaría, estoy seguro,
a cara descubierta,
hablar con un hombre.
Primero interrogadla,
después ya veremos.

DON PASQUALE
Capisco, andiam, coraggio ...

(a Norina)
Posto ch'ho l'avvantaggio ...
Anzi il signor fratello ...
Il dottor Malatesta ...
cioè volevo dir ...

129. Entiendo, vamos, valor ...

(a Norina)
Puesto que me es concedido el honor ...
pues el señor hermano ...
el doctor Malatesta ...
o sea, quería decir ...

DOTTOR MALATESTA
(a Norina)
Rispondete.

130. *(a Norina)*
Respóndele.

NORINA
Son serva, mille grazie.

131. Servidora vuestra, gracias.

DON PASQUALE
Volea dir ch'alla sera
la signora amerà la compagnia.

132. Quería decir que por la noche,
a la señora le gustará tener compañía.

NORINA
Niente affatto. Al convento
si stava sempre sole.

133. En absoluto. En el convento
estábamos siempre solas.

DON PASQUALE
Qualche volta al teatro.

134. ¿Irías de vez en cuando al teatro?

NORINA
Non so che cosa sia, né saper bramo.

135. No sé qué es eso, ni deseo saberlo.

DON PASQUALE
Sentimenti ch'io lodo. Ma il tempo
uopo è passarlo in qualche modo.

136. Sentimientos que alabo. Pero el tiempo
es menester pasarlo de algún modo.

NORINA
Cucire, ricamar, far la calzetta,
badare alia cucina,
il tempo passa presto.

137. Coser, bordar, hacer calceta,
ocuparse de la cocina,
el tiempo rápido.

DOTTOR MALATESTA
(fra sè)
Ah, malandrina!

138. *(para si)*
¡Ah, qué pícara!

DON PASQUALE
Fa proprio al caso mio.
Quel vel, per carità!

139. Justo lo que yo necesitaba.
¡Ese velo, por caridad!

DOTTOR MALATESTA
Cara Sofronia,
rimovete quel velo.

140. Querida Sofronia,
levántate el velo.

NORINA
Non oso ... in faccia a un uom.

141. No me atrevo ... delante de un hombre.

DOTTOR MALATESTA
Ve lo comando.

142. ¡Te lo ordeno!

NORINA
(alzandosi il velo)
Obbedisco, fratel.

143. *(levantándose el velo)*
Obedezco, hermano.

DON PASQUALE
Misericordia!

144. ¡Misericordia!

DOTTOR MALATESTA
Che fu? Dite ...

145. ¿Qué sucede? Dígame ...

DON PASQUALE
Una bomba in mezzo al core.
Per carità, dottore,
ditele se mi vuole.
Mi mancan le parole.
Sudo, agghiaccio, son morto.

146. Una bomba en medio del corazón,
Por caridad, doctor,
pregúntele si me quiere.
Me faltan las palabras.
Sudo, me hielo, me muero.

DOTTOR MALATESTA
(a don Pasquale)
Via, coraggio,
mi sembra ben disposta,
ora le parlo.

147. *(a don Pasquale)*
Vamos, valor,
me parece bien dispuesta.
Ahora mismo le hablaré.

(a Norina)
Sorellina mia cara,
dite ... vorreste ... in breve.
Quel signore ... vi piace?

(a Norina)
Querida hermanita mía,
dime ... ¿Querrías ... en una palabra,
este señor ... te gusta?

NORINA
A dirlo ho soggezione ...

148. No me atrevo a decirlo ...

DOTTOR MALATESTA
Coraggio.

149. Valor.

NORINA
Sì.

150. Sí.

(fra sè)
Sei pure il gran babbione!

(para sí)
¡Es el más grande de los bobalicones!

DOTTOR MALATESTA
Consente. È vostra.

151. Consiente. Es suya.

DON PASQUALE
Oh giubilo! Beato me!

152. ¡Oh, qué alegría! ¡Soy dichoso!

Italiano		Español
NORINA		
(fra sè) Te n'avvedrai fra poco!	153.	*(para sí)* ¡Pronto te vas a enterar!
DON PASQUALE		
Or presto, pel notaro.		Ahora rápido, vayamos al notario.
DOTTOR MALATESTA		
Per tutti i casi dabili, ho tolto meco il mio ch'è in anticamera. Or l'introduco ...	154.	Por lo que pudiera pasar, e traído el mío, que está en la antesala. Lo haré pasar ...
DON PASQUALE		
Oh caro, quel dottor pensa a tutto!	155.	¡Oh querido doctor, estáis en todo!
DOTTOR MALATESTA		
Ecco il notaro.	156.	Aquí está el notario.
(il notaro, entrano)		*(al notario que ha entrada)*
Fra da una parte et cetera. Sofronia Malatesta, domiciliata et cetera, con tutto quel che resta; e d'altra parte et cetera, Pasquale da Corneto et cetera.		Por una parte, etcétera. Sofronia Malatesta, domiciliada, etcétera, y todo lo demás; y por otra parte, etcétera, Pasquale da Corneto, etcétera.
NOTARO		
Et cetera.	157.	Etcétera.
DOTTOR MALATESTA		
Coi titoli secondo il consueto ...	158.	Con los títulos consuetudinarios ...
NOTARO		
Et cetera.		Etcétera.
DOTTOR MALATESTA		
Entrambi qui presenti, volenti e consenzienti.	159.	Ambos aquí presentes por su propia voluntad y consentimiento.
NOTARO		
... eto ...	160.	... entes ...

DOTTOR MALATESTA
Un matrimonio in regola
a stringere si va.

161. Un matrimonio en regla
convienen en contraer.

DON PASQUALE
Avete messo?

162. ¡Lo he escrito?

NOTARO
Ho messo.

163. Lo he escrito.

DON PASQUALE
Sta ben. Scrivete appresso.
Il qual prefato et cetera,
di quanto egli possiede
di mobili ed immobili,
dona tra i vivi e cede
alla suddetta et cetera,
sua moglie dilettissima,
fin d'ora la metà.

164. Está bien. Escriba a continuación,
El antedicho, etcétera,
de todo lo que posee,
en bienes muebles e inmuebles,
dona en vida y cede
a la susodicha, etcétera,
su dilectísima esposa,
a partir de ahora, la mitad.

NOTARO
Sta scritto.

165. Queda escrito.

DON PASQUALE
È intende ed ordina
che sia riconosciuta,
in questa casa e fuori,
padrona ampia, assoluta,
e sia da tutti e singoli
di casa riverita,
servita ed obbedita
con zelo e fedeltà.

166. Y ordena y manda
que sea reconocida,
en esta casa y fuera de ella,
como dueña total y absoluta,
y sea por todos y por cada uno
de los de la casa reverenciada,
servida y obedecida
con celo y fidelidad.

DOTTOR MALATESTA, NORINA
Rivela il vostro core
quest'atto di bontà.

167. Este acto muestra su corazón
pleno de bondad.

NOTARO
Steso è il contratto.
Le firme ...

168. El contrato está listo.
Las firmas ...

DON PASQUALE
Ecco la mia.

169. Ahí va la mía.

DOTTOR MALATESTA

Cara sorella, or via,
si tratta di segnar.

170. Querida hermana, vamos,
se trata de firmar.

NOTARO

Non vedo i testimoní
un solo non può star.

171. No veo a los testigos,
con uno solo no basta.

ERNESTO

(fuori)
Indietro, mascalzoni,
indietro; io voglio entrar.

172. *(fuera)*
Atrás, sinvergüenzas,
atrás; quiero entrar.

NORINA

(fra sè)
Ernesto! Or veramente
mi viene da tremar!

173. *(para sí)*
¡Ernesto! ¡Ahora verdaderamente
me viene el temblor!

DOTTOR MALATESTA

(fra sè)
Ernesto! È non sa niente;
può tutto rovinar!

174. *(para sí)*
¡Ernesto! ¡El no sabe nada;
lo puede echar todo a perder!

DON PASQUALE

Mio nipote!

175. ¡Mi sobrino!

ERNESTO

(entra)
Pria di partir, signore,
vengo per dirvi addio,
e come un malfattore
mi vien conteso entrar!

176. *(entrando)*
¡Antes de partir, señor,
vengo para decirle adiós,
y como si fuera un malhechor,
se me impide entrar!

DON PASQUALE

S'era in faccende: giunto
però voi siete in punto.
A fare il matrimonio
mancava un testimonio.
Giunto voi siete in pun to.
Or venga la sposina!

177. Estábamos ocupados.
Has llegado, sin embargo, a punto.
Para cerrar el matrimonio,
faltaba un testigo.
Llegaste a punto.
¡Que se acerque la novia!

ERNESTO
(fra sè)
Che vedo? O ciel, Norina!
Mi sembra di sognar!
Ma questo non può star!

178. *(para sí)*
¿Qué es lo que veo? ¡Oh cielos, Norina!
¡Debo estar soñando!
¡No puede ser!

DOTTOR MALATESTA
(a Ernesto, sottovoce)
Per carità, sta' zitto,
ci vuoi precipitar!

179. *(a Ernesto en voz baja)*
¡Por favor, cállate,
lo vas a estropear todo!

DON PASQUALE
La sposa è quella!

180. ¡Aquí está la novia!

ERNESTO
Sofronia! Sua sorella!
Comincio ad impazzare!

181. ¡Sofronia! ¡Su hermana!
¡Empiezo a enloquecer!

NORINA
Adesso veramente mi
viene da tremare.

182. ¡Ahora verdaderamente
me viene el temblor!

DOTTOR MALATESTA
(a Ernesto)
Ah figliuol, non mi far scene,
tutto per tuo bene.
Se vuoi Norina perdere
non hai che a seguitar.
Seconda la commedia,
sta cheto e lascia far.

183. *(a Ernesto)*
¡Ah! Hijo mío, no me hagas escenas,
todo es por tu bien.
Si quieres perder a Norina,
no tienes más que continuar.
Sigue la comedia,
quédate callado y deja hacer.

DON PASQUALE
Gli cuoce, compatitelo;
lo vo' capacitare.

184. Le duele, compadézcanlo;
yo le haré recapacitar.

DOTTOR MALATESTA
Questo contratto, adunque,
si vada ad ultimar.

185. Terminemos de una vez
con el contrato.

NOTARO
Siete marito e moglie.

186. Sois marido y mujer.

DON PASQUALE
Mi sento liquefar.

187. Siento que me derrito.

NORINA, DOTTOR MALATESTA
Va il bello a incominciar.

188. Ahora viene lo bueno.

DON PASQUALE
(abbracciando a Norina)
Carina!

189. *(intentando abrazar a Norina)*
¡Cariño!

NORINA
Adagio un poco,
calmate quel gran foco.
Si chiede pria licenza.

190. Poco a poco,
calmad esa fogosidad.
Primero hay que pedir permiso.

DON PASQUALE
Me l'accordate?

191. ¡Me lo permites?

NORINA
No.

192. No.

ERNESTO
Ah! Ah!

193. ¡Ja! ¡Ja!

DON PASQUALE
Che c'è da ridere,
impertinente?
Partite subito. Immantinente,
via, fuor di casa ...

194. ¡De qué te ríes, impertinente?
¡Márchate en seguida,
inmediatamente, vamos,
fuera de mi casa! ...

NORINA
Ohibò!
Modi villani e rustici
che tollerar non so.

(a Ernesto)
Restate!
Altre maniere
apprender vi farò.

195. ¡Vaya!
Esos son modales ordinarios y groseros
que no puedo tolerar.

(a Ernesto)
¡Quédate! ...
Otras maneras
le haré aprender.

DON PASQUALE
Dottore!

196. ¡Doctor! ...

DOTTOR MALATESTA
Don Pasquale!

197. ¡Don Pasquale!

DON PASQUALE
È un'altra.

198. ¡Es otra!

DOTTOR MALATESTA
Son di sale!

¡Estoy perplejo!

NORINA, ERNESTO
In fede mia, dal ridere
frenarmi più non so.

199. ¡A fe mía, que me es imposible
contener la risa!

DON PASQUALE
Che vorra dir?

200. ¡Qué significa todo esto?

DOTTOR MALATESTA
Calmatevi.
Sentire mi faró.

Cálmese.
Me voy a hacer oír.

NORINA
Un uom qual voi decrepito,
qual voi pesante e grasso
condur non può una giovane
decentemente a spasso.
Bisogno ho d'un bracciere.

(guardando a Ernesto)
Sarà mio cavaliere.

201. Un hombre decrépito como vos,
lacio y gordo,
no puede conducir decentemente
a una joven de paseo.
Necesito un acompañante.

(señalando a Ernesto)
El será mi caballero.

DON PASQUALE
Oh, questo poi, scusatemi,
oh, questo non può star.

202. Oh, esto, excusadme,
oh, esto no puede ser.

NORINA
Perchè?

203. ¿Por qué?

DON PASQUALE
Perchè nol voglio.

204. Porque no quiero.

NORINA
Non lo volete?

205. ¿No queréis?

DON PASQUALE
No.

206. No.

NORINA
No? Idolo mio, vi supplico
scordar questa parola;
voglio, per vostra regola,
voglio, lo dico io sola.

207. ¿No? Ídolo mío, os suplico
que olvidéis ésta palabra: “quiero”
para nuestro buen entendimiento,
quiero, lo digo solamente yo.

DON PASQUALE
Dottore ...

208. Doctor ...

NORINA
Tutti obbedir qui devono,
io sola ho a comandar.

209. Todos aquí deben obedecer,
yo sola voy a mandar.

DOTTOR MALATESTA
(fra sè)
Ecco il momenta critico.

210. *(para sí)*
Llegó el momento crítico.

DON PASQUALE
Ma ...

211. Pero ...

NORINA
Non voglio repliche.

212. ¡No quiero réplicas!

ERNESTO
(fra sè)
Vediamo che sa far.

213. *(para sí)*
Veamos cómo se las arregla.

DON PASQUALE
Costui ...

214. Este individuo ...

NORINA
Che, ma?

215. ¿Qué?

DON PASQUALE
... non può.

216. ... no puede.

NORINA
Taci, buffone!
Zitto! Provato a prenderti
finora ho colle buone.
Saprò, se tu mi stuzzichi,
le mani adoperar.

217. ¡Cállate, bufón!
¡Silencio!
Hasta ahora lo intente por las buenas.
Sabré, si me provocáis,
usar las manos.

DON PASQUALE
Ah! Sogno, veglio? ... Cos’è stato?

218. ¡Ah! ¿Sueño, verdad? ... ¿Está jugando?

DOTTOR MALATESTA
(fra sè)
Il rimasto là impietrato.
Sembra un uom cui manca il fiato.

219. *(para sí)*
Se ha quedado petrificado,
parece un hombre que se quedó sin aire.

ERNESTO, NORINA
(fra sè)
Veglio o sogni, non sa bene.
Non ha sangue nelle vene.

220. *(para sí)*
Si sueña o está despierto no se sabe.
Parece que no tuviera sangre en las venas.

DON PASQUALE
Calci? ... Schiaffi?
Brava! Bene!

221. ¿Puntapiés? ... ¿Bofetones?
¡Brava! ¡Bien!

ERNESTO
(fra sè)
Or l'intrico, manco male,
incomincio a decifrar.

222. *(para sí)*
Ah, menos mal
que empiezo a comprender la intriga.

DOTTOR MALATESTA
Via, coraggio, Don Pasquale,
non vi state a sgomentar.

223. ¡Valor, coraje, don Pasquale,
no se amilane!

DON PASQUALE
(fra sè)
Buon per me che m'ha avvisato.
Or vedrem che cosa avviene!
Bada bene, Don Pasquale,
ch'e una donna a far tremar.

224. *(para sí)*
Al menos me ha avisado.
Veremos que sucede ahora.
Alerta, don Pasquale,
que es una mujer temible.

NORINA
(a don Pasquale)
Or l'amico, manco male,
si potra capacitar.
Riunita immantinente
la servitù qui voglio.

225. *(a don Pasquale)*
Ahora, por lo menos,
podréis reflexionar.
¡Reunida inmediatamente
quiero aquí a la servidumbre!

DON PASQUALE
(fra sè)
Che vuol dalla mia gente?

226. *(para sí)*
¡Que querrá de mi gente?

(Tre servi entrano.)

(Entran su mayordomo y dos criados.)

DOTTOR MALATESTA
(fra sè)
Or nasce un altro imbroglio.

227. *(para sí)*
Ahora comienza otro embrollo.

NORINA
Tre in tutto! Va benissimo
c'è poco da contar.
A voi. Da quanta sembrami
voi siete it maggiordomo.
Subito v'incomincio
la paga a raddoppiar.
Ora attendete agli ordini
che mi dispongo a dar.
Di servitù novella
pensate a provvedermi.
Sia gente fresca e bella,
tale da farci onor.

228. ¡Tres en total! Perfecto,
no hay mucho que contar.
Vas, por lo que veo,
sois el mayordomo.
Empiezo por doblarte
inmediatamente la paga.
Ahora atiendan a las órdenes
que les voy a dar.
Procuren proveerme
de nueva servidumbre.
Que sea gente joven y hermosa,
que haga honor a la casa.

DON PASQUALE
Poi quando avrà finito ...

229. Cuando hayas terminado ...

NORINA
Non ho finito ancor!
Di legni un paio sia
domani in scuderia;
quanto ai cavalli poi,
lascio la scelta a voi.

230. ¡No terminé aún!
Dos carruajes deberá haber
mañana en las caballerizas;
en cuanto a los caballos,
a vos os dejo la elección.

DON PASQUALE
Bene.

231. Bien.

DOTTOR MALATESTA
Meglio.

232. Mejor.

NORINA
La casa è mal disposta.

233. La casa está mal arreglada.

DON PASQUALE
La casa?

234. ¿La casa?

NORINA
La vo' rifar di posta;
son anticaglie i mobili,
si denno rinnovar.
Vi son mille'altre cose
urgenti, imperiose:
un parrucchiere a scegliere,
un sarto, un gioielliere.
Fate le cose in regola,
non ci facciam burlar.

235. Quiero arreglarla;
los muebles son antiguallas,
deben renovarse.
Hay otras mil casas,
urgentes e imperiosas:
elegir un peluquero,
un modisto, un joyero.
Hagan las cosas como es debido,
no vayamos a hacer el ridículo.

DOTTOR MALATESTA
Vedi ... senti ... meglio ...
Che te ne par?

236. Lo ves ... oyes ... mejor ...
¿Qué os parece?

DON PASQUALE
Avete ancor finito? Ma dico ...
Sto quasi per schiattar.

237. ¿Has terminado ya? Digo ...
Estoy casi par estallar.

DOTTOR MALATESTA, ERNESTO
(fra sè)
Comincia a lampeggiar.

238. *(para sí)*
Comienza a relampaguear.

DON PASQUALE
Chi paga?

239. ¿Quién pagará?

NORINA
Oh bella! Voi.

240. ¡Oh, qué bien! Vos.

DON PASQUALE
A dirla qui fra noi,
non pago mica.

241. ¡Dicho sea entre nosotros,
Yo no pago nada!

NORINA
No?

242. ¿No?

DON PASQUALE
No! Sono o non son padrone?

243. ¡No! ¿Soy o no soy el dueño?

NORINA
Mi fate compassione.
Padrone ov'io comando?

244. Me das lastima.
¿Dueño vos donde mando yo?

DOTTOR MALATESTA
Sorella.

245. Hermana.

NORINA
Or, or vi mando ...
Siete un villano, un tanghero.
Un pazzo temerario ...

246. Ahora yo soy quien manda ...
Eres un villano, un necio.
Un loco temerario ...

ERNESTO
Bene!

247. ¡Muy bien!

DON PASQUALE
È vero, v'ho sposata.

248. Es verdad, estamos casados.

DOTTOR MALATESTA
Per carita, cognato.

249. Por favor, cuñado.

NORINA
Che presto alla ragione rimettere saprò.

250. Pronto sabré poneros en razón.

ERNESTO
(fra sè)
Il cielo su rannuvola,
comincia a lampeggiar.

251. *(para sí)*
El cielo se está nublando,
comienza a relampaguear.

DON PASQUALE
Son tradito, beffeggiato.
Mille furie ho dentro il petto.
Quest'infemo anticipato
non lo voglio sopportar.
Dalla rabbia e dal dispetto a
son vicino a soffocar.

252. He sido traicionado y burlado.
Mil furias tengo en el pecho.
Este infierno anticipado
no lo quiero soportar.
De rabia y de despecho,
estoy a punto de ahogarme.

NORINA
(a Ernesto)
Or t'avvedi, core ingrato,
che fu ingiusto il tuo sospetto;
solo amor m'ha consigliato
questa parte a recitar.
Don Pasquale, poveretto!
È vicino ad affogar.

253. *(a Ernesto)*
Advierte ahora, corazón ingrato,
que tu sospecha era infundada;
solo el amor me ha llevado
a representar este papel.
¡Don Pasquale, pobrecillo,
está a punto de ahogarse!

ERNESTO

Sono, o cara, sincerato,
momentaneo fu il sospetto.
Solo amor t'ha consigliato
questa parte a recitar.

254. Estoy, oh querida, convencido,
momentánea fue la sospecha.
Sólo el amor te ha llevado
a representar este papel.

DOTTOR MALATESTA

Siete un poco riscaldato;
mio cognato; andate a letto.

255. Estás un poco acalorado
cuñado mío, ve a la cama.

(fra sè)

(para sí)

Son stordito son sdegnato,
l'ha costei con me da far.

Esta indignado, aturdido,
luego la pagará conmigo.

(a Norina e Ernesto)
Attenzione, che il poveretto
non vi vegga amoreggiar.

(a Norina y Ernesto)
Cuidado, que el pobrecito
no os vea flirtear.

Acto III

Escena Primera

(La sala del acto segundo, remozada)

SERVI

I diamanti, presto, presto.
La cuffiara.
Venga avanti.
In carrozza tutto questo.
Il ventaglio, il velo, i guanti.
I cavalli sul momenta
ordinate d'attaccar.

256. ¡Los diamantes, rápido, rápido!
La sombrerera.
¡Que pase!
Al coche con todo esto.
¡El abanico, el velo, los guantes!
Que los caballos estén listos
dentro de un instante.

DON PASQUALE

Che marea, che stordimento!
E una casa da impazzar!
Vediamo:
alla modista cento scudi. Obbligato!
Al carrozziere seicento.
Poca roba!
Novecento e cinquanta al gioielliere.
Per cavalli ...
Al demonio i cavalli,
i mercanti e il matrimonio!
Per poco che la duri in questa modo,
mio caro Don Pasquale,
a rivederci presto all'ospedale.
Che cosa vorrà dir questa gran gala?
Uscir sola a quest'ora,
nel primo di di nozze?
Debbo oppormi a ogni costa
ed impedirlo.
Ma ... si fa presto a dirlo.
Colei ha certi occhiacci,
certo far da sultana ...

257. ¡Qué mareo, qué aturdimiento!
¡Esta es una casa de locos!
Veamos: ala modista cien escudos.
¡Muchas gracias!
Al carrocero seiscientos.
¡Poca cosa!
Novecientos cincuenta al joyero.
Por los caballos ...
¡Al diablo los caballos,
los mercaderes y el matrimonio!
Por poco que esto continúe así,
mi querido don Pasquale,
nos veremos pronto en el asilo.
¿Qué querrán decir estas galas?
¿Salir sola a estas horas
el primer día de la boda?
Debo oponerme a toda costa
e impedirlo.
Pero ... eso se dice fácil.
Esta mujer tiene una mirada,
unos aires de sultana ...

DON PASQUALE *(continuato)*
Ad ogni modo vo' provarmi.
Se poi fallisse il tentativo ... Eccola; a noi.

(continuó)
De cualquier modo probaré.
Si fracaso ... Hela aquí, veamos.

(a Norina, qui entra)
Signorina, in tanta fretta,
dove va vorrebbe dirmi?

(a Norina, que entra)
¿Señora, con tanta prisa,
podría decirme a dónde va ?

NORINA
È una cosa presto detta:
vo' al teatro a divertirmi.

258. Está pronto dicho:
al teatro, a divertirme.

DON PASQUALE
Ma il marito, con sua pace,
non voler potria talvolta ...

259. Pero el marido, con su permiso,
podría ocurrir que no quisiese ...

NORINA
Il marito vede e tace,
quando parla non s'ascolta.

260. El marido mira y calla,
y cuando habla no se le escucha.

DON PASQUALE
A non mettermi al cimento,
signorina, la consiglio;
vada in camera al momento,
ella in casa resterà.

261. No acabe con mi paciencia.
Señora le aconsejo,
vaya a su habitación de inmediato,
se quedará en casa.

NORINA
A star cheto e non far scene
per mia parte lo scongiuro.
Vada a letto, dorma bene,
poi doman si parlerà.

262. Que esté callado y no haga escenas
por mi parte le ruego.
Vaya a la cama. duerma bien,
y mañana hablaremos.

DON PASQUALE
Non si sorte.

263. No se sale.

NORINA
Veramente?

264. ¿De verdad?

DON PASQUALE
Sono stanco.

265. ¡Estoy cansado!

NORINA
Sono stufa.

266. ¡Y yo estoy harta!

DON PASQUALE
Civettella!

267. ¡Coqueta!

NORINA
Impertinente!

268. ¡Impertinente!

(schiaffo)
Prendi su, che ben ti sta!

(le da una bofetada)
¡Toma, te la mereces!

DON PASQUALE
(fra sè)
È finita. Don Pasquale,
hai bel romperti la testa.
Altro affare non ti resta che
d'andarti ad annegar.

269. *(para sí)*
Se acabó.
Don Pasquale, no te rompas la cabeza.
No te queda otra salida
que arrojarte al río.

NORINA
(fra sè)
È duretta la lezione,
ma ci vuole a far l'effetto.
Or bisogna del progetto
la vittoria assicurar.

270. *(para sí)*
Es dura la lección,
pero quería impresionarlo.
Ahora, hay que asegurar
el éxito del proyecto.

(a don Pasquale)
Parto dunque ...

(a don Pasquale)
Me voy ...

DON PASQUALE
Parta pure, ma non faccia più ritorno.

271. ¡Márchese, pero no vuelva!

NORINA
Ci vedremo al nuovo giorno.

272. Nos veremos mañana.

DON PASQUALE
Porta chiusa troverà!

273. ¡Cerrada la puerta hallará!

NORINA
Via, caro sposino,
non farmi il tiranno,
sii dolce, bonino,
rifletti all'età.
Va' a letto, bel nonno,
sia cheto il tuo sonno;
per tempo a svegliarti
la sposa verrà.

274. Vamos, querido esposo,
no te hagas el tirano,
sé dulce y buenecito,
piensa en tu edad.
Ve a la cama, abuelito,
que sea tranquilo tu sueño;
a tiempo para despertarte
tu esposa llegará.

(Norina esce)

(Norina sale y deja caer un papel)

DON PASQUALE
Divorzio! Divorzio!
Che letto, che sposa!
Peggiore consorzio di
questo non v'ha.
Oh! Povero sciocco!
Se duri in cervello
con questa martello
miracol sarà!

275. ¡Divorcio! ¡Divorcio!
¡Qué cama, qué esposa!
Peor negocio que este
no se ha visto.
¡Oh! ¡Pobre tonto!
¡Conservar el sana juicio
que con este martilleo
milagro será!

(prende il foglio)

(coge el papel que Norina dejó caer)

Qualche nota di cuffie e di merletti
che la signora qui lascio per caso.
«Adorata Sofronia.»
Ehi! Ehi! Che affare è questo!
«Fra le nove e le dieci della sera
sarò dietro il giardino,
dalla parte che guarda a settentrione.
Per maggior precauzione
fa', se puoi, d'introdurmi
per la porta segreta. A noi ricetto
daran securo l'ombre del boschetto.
Mi scordavo di dirti
che annunzierò cantando il giunger mio
Mi raccomando. Il tuo fedele. Addio.»
Questo è troppo; costei
mi vuol morto arrabbiato!
Ah! non ne posso più, perdo la testa!

Será alguna factura de sombreros o encajes
que la señora dejó aquí por casualidad.
«Adorada Sofronia.»
¡Hey! ¡Hey! ¡Que es esto!
«Entre las nueve y las diez de la noche
estaré detrás del jardín,
en la parte que mira hacia el norte.
Para mayor precaución
intenta, si puedes, hacerme entrar
por la puerta secreta. Nos darán refugio
seguro las sombras del bosquecillo.
Olvidaba decirte
que anunciare mi llegada cantando.
En tus manos quedo. Siempre tuyo. Adiós.»
¡Esto ya es demasiado;
esa mujer quiere hacerme morir de rabia!
¡Ah, no puedo más, pierdo la cabeza!

DON PASQUALE *(continuato)*
(a gli servi)
Si chiami Malatesta.
Correte dal dottore,
ditegli che sto mal,
che venga tosto.
O crepare o finirla ad ogni costo.

(continuó)
(a los criados, que entran)
¡Llamad a Malatesta!
¡Corred en busca del doctor,
decidle que estoy mal,
que venga en seguida!
O reviento o acabo con todo esto.

SERVI
Che interminabile andirivieni!
Non posso reggere, rotte ho le reni,
tin, tin di qua, ton, ton di là,
in pace un attimo giammai si sta.
Ma ... casa buona, montata in grande.
Si spende e spande; v'è da scialar.
Finito il pranzo vi furon scene.
Comincian presto. Contate un po'.
Dice il marito «Restar conviene.»
Dice la sposa «Sortir io vo'.»
Il vecchio sbuffa, segue baruffa.
Ma la sposina l'ha da spuntar.
V'è un nipotino guasta-mestieri,
che tiene il vecchio sopra pensieri.
La padroncina è tutto fuoco.
Par che il marito lo conti poco.
Zitti, prudenza, alcun qui viene!
Si starà bene, c'è da scialar.

276. ¡Qué interminable ir y venir!
No puedo descansar, estoy reventada.
¡Tin, tin, por aquí, ton, ton por allá!
Nunca hay un momento de paz.
Pero ... es buena casa, puesta a lo grande.
Se gasta y malgasta, se puede sisar.
Terminada la cena hubo altercados.
Pronto comienzan. Cuenten un poco.
Dice el marido: «No se sale.»
Dice la esposa: «Yo voy a salir.»
El viejo resopla, empieza la pelea.
Pero la mujercita la ha de ganar.
Hay un sobrinito que todo lo enreda,
que al viejo lo hace preocupar.
La patroncita es toda fuego.
Parece que hay marido para poco tiempo.
¡Chitón, prudencia, alguien se acerca!
Estamos bien, se puede sisar.

(Entrano le dottor e Ernesto.)

(Entran el doctor y Ernesto.)

DOTTOR MALATESTA
Siamo intesi.

277. Estamos de acuerdo.

ERNESTO
Sta bene. Ora in giardino
scendo a far la mia parte.

278. Está bien. Ahora bajo al jardín
y represento mi parte.

DOTTOR MALATESTA
Mentr'io fo qui la mia.
Soprattutto che il vecchio
non ti conosca!

279. Mientras, yo representare aquí la mía.
¡Sobre todo, que el viejo
no te reconozca!

ERNESTO Non temere.	280.	No temas.
DOTTOR MALATESTA Appena venir ci senti ...	281.	Apenas nos oigas llegar ...
ERNESTO Su il mantello e via.	282.	Torno la capa y me voy.
DOTTOR MALATESTA Ottimamente.	283.	Perfectamente.
ERNESTO A rivederci.	284.	Hasta la vista.
(Ernesto esce)		*(Ernesto sale)*
DOTTOR MALATESTA *(fra sè)* Questa repentina chiamata mi prova che il biglietto del convegno notturno ha fatto effetto. Eccolo! Com'è pallido e dimesso! Non sembra più lo stesso ... Me ne fa male il core ... Ricomponiamci un viso da dottore.	285.	*(para sí)* Esta repentina llamada me demuestra que la nota de la cita nocturna ha hecho su efecto. ¡Aquí está! ¡Que pálido y abatido! No parece más el mismo ... Me duele verlo así ... Pongamos cara de doctor.
(a don Pasquale)		*(dirigiéndose a don Pasquale)*
DON PASQUALE Cognato, in me vedete un morto che cammina.	286.	Cuñado, ved en mí un muerto que camina.
DOTTOR MALATESTA Non mi fate languire a questo modo.	287.	No me inquietéis así.
DON PASQUALE Pensar che, per un misero puntiglio, mi son ridotto a questo! Mille Norine avessi dato a Ernesto!	288.	¡Y pensar que, por un mísero enfado, me veo reducido a este estado! ¡Mil Norinas le hubiera dado a Ernesto!
DOTTOR MALATESTA Cosa buona a sapersi. Mi spiegherete alfin ...	289.	Es bueno saberlo. Me explicaréis por fin ...

DON PASQUALE
Mezza l'entrata
d'un anno in cuffie e nastri consumata!
Ma questo è nulla.

290. ¡La mitad de los ingresos
de un año gastados en sombreros y cintas!
Pero esto no es nada.

DOTTOR MALATESTA
E poi?

291. ¿Hay más?

DON PASQUALE
La signorina vuol andare a teatro;
m'oppongo colle buone,
non intende ragione, e son deriso.
Comando ... e colla man mi dà sul viso.

292. La señorita quiere ir al teatro;
me opongo por las buenas,
no atiende a razones, se ríe.
Ordeno ... y me da una bofetón.

DOTTOR MALATESTA
Uno schiaffo.

293. ¡Un bofetón!

DON PASQUALE
Uno schiaffo, sì, signore.

294. Un bofetón, sí señor.

DOTTOR MALATESTA
(fra sè)
Coraggio!

(a don Pasquale)

Voi mentite.
Sofronia è donna tale,
che non può, che non sa, né vuol far male:
pretesti, per cacciarla via di casa,
fandonie che inventate. Mia sorella
capace a voi di perdere il rispetto!

295. *(para sí)*
¡Valor!

(a don Pasquale)

Vos mentís.
Sofronia es una mujer que no puede,
no sabe, ni quiere hacer daño,
eso son pretextos para echarla de la casa,
patrañas que inventáis. ¡Mi hermana,
es incapaz de perderos el respeto!

DON PASQUALE
La guancia è testimonio;
il rutto è detto.

296. Mi mejilla es testigo ...
Ya está todo dicho.

DOTTOR MALATESTA
Non è vero.

297. No es verdad.

DON PASQUALE
È verissimo.

298. ¡Es totalmente cierto!

DOTTOR MALATESTA		
Signore, gridar cotanto parmi inconvenienza.	299.	Señor, gritar tanto me parece inconveniente.
DON PASQUALE		
Ma se voi fate perder la pazienza!	300.	¡Es que vos me hacéis perder la paciencia!
DOTTOR MALATESTA		
Parlate adunque.	301.	Continuad, pues.
(fra sè) Faccia mia, coraggio.		*(para sí)* Valor, mantengamos el tipo.
DON PASQUALE		
Lo schiaffo è nulla, v'è di peggio ancora. Leggete.	302.	El bofetón no es nada, ahora viene lo peor. Leed.
DOTTOR MALATESTA		
(legge) Io son di sasso.	303.	*(lee)* Estoy petrificado.
(fra sè)		*(para sí)*
Secondiamo.		Sigámosle la corriente.
(a don Pasquale) Ma come! Mia sorella ...		*(a don Pasquale)* ¡Pero como! Mi hermana ...
DON PASQUALE		
Sara buona per voi, per me no certo.	304.	Será buena para vos, para mí no, por cierto.
DOTTOR MALATESTA		
Che sia colpevol son ancora incerto.	305.	De que sea culpable aún no estoy seguro.
DON PASQUALE		
Io son cosi sicuro del delitto, che v'ho fatto chiamare espressamente qual testimonio della mia vendetta.	306.	Yo estoy tan seguro del delito, que os he hecho llamar expresamente para que seáis testigo de mi venganza.
DOTTOR MALATESTA		
Va ben ... ma riflettete ...	307.	Está bien ... pero reflexionad ...

DON PASQUALE
Ho tutto preveduto ... ma aspettate.
Sediamo.

308. Lo he previsto todo ... pero esperad.
Sentémonos.

DOTTOR MALATESTA
Sediam pure, ma parlate!

309. Sentémonos ¡pero hablad!

DON PASQUALE
Cheti, cheti immantinente
nel giardino discendiamo;
prendo meco la mia gente,
il boschetto circondiamo
e la coppia sciagurata,
a un mio cenno imprigionata,
senza perdere un momenta
conduciam dal podestà.

310. En silencio,
inmediatamente bajaremos al jardín,
Llevaré conmigo a los criados.
Rodearemos el bosquecillo,
y la pareja desdichada,
a mi señal, será apresada.
Luego, sin perder un momento,
la conduciremos ante la justicia.

DOTTOR MALATESTA
Io direi ... sentite un poco.
Noi due soli andiam sui loco,
nel boschetto ci appostiamo,
ed a tempo ci mostriamo.
È tra preghi, tra minaccie
d'avvertir l'autorità,
ci facciam dai due prometter
che la cosa resti là.

311. A mí me parece ... escuchad bien.
Vayamos los dos solos,
nos apostamos en el bosquecillo
y en el momento oportuno apareceremos.
Y entre ruegos y amenazas
de avisar a la autoridad
les haremos a los dos prometer
que la cosa no pasará de ahí.

DON PASQUALE
E siffatto scioglimento
poca pena al tradimento.
Vada fuor di casa mia,
altri patti non vo' far.

312. Semejante desenlace
es poco castigo para tal traición.
Que se vaya fuera de mi casa,
otra solución no voy a aceptar.

DOTTOR MALATESTA
È un affare delicato;
vuol ben esser ponderato.

313. Es un asunto delicado;
hay que pensarlo bien.

DON PASQUALE
Ponderate, esaminate,
ma in mia casa non la vo', no, no.

314. Ponderad, examinad,
pero en mi casa no la quiero, no, no.

DOTTOR MALATESTA
Uno scandalo farete
e vergogna poi ne avrete;
non conviene, non sta bene;
altro modo cerchero.

315. Será un escándalo,
del que después os avergonzaréis;
no conviene, no está bien;
otra salida buscaré.

DON PASQUALE
Non sta bene, non conviene,
ma lo schiaffo qui res to.

316. No está bien, no conviene,
pero yo me quedo con el bofetón.

DOTTOR MALATESTA
L'ho trovatal.

317. ¡Ya lo encontré!

DON PASQUALE
Benedetto! Dite presto.

318. ¡Bendito seáis! Decidilo pronto.

DOTTOR MALATESTA
Nel boschetto
quatti, quatti ci appostiamo,
di là tutto udir possiamo;
s'è costante il tradimento,
la cacciate su due piedi.

319. En el bosquecillo
muy quietos nos apostaremos,
y así podremos oírlo todo.
Si quedara probada la traición,
la echaréis en el acto.

DON PASQUALE
Bravo, bravo, va benone.
Son contento, son contento.
Asperta, aspetta.
cara sposina,
la mia vendetta
già s'avvicina:
già, già ti preme,
già t'ha raggiunto,
tutte in un punto
l'hai da scontar.
Vedrai se giovino
raggiri e cabale,
sorrisi teneri,
sospiri e lagrime;
la mia rivincita
or voglio prendere;
sei nella trappola,
v'hai da restar.

320. ¡Bravo, bravo, perfectamente!
Estoy contento, estoy contento.
Espera, espera,
querida mujercita,
mi venganza
ya se aproxima:
ya te ha atrapado,
ya te ha alcanzado,
todas juntas
me las vas a pagar.
Verás de qué sirven
intrigas y embrollos,
tiernas sonrisas,
suspiros y lágrimas;
mi revancha
quiero tomar;
caíste en la trampa
y en ella te quedarás.

DOTTOR MALATESTA

(fra sè)
Il poverino
sogna vendetta,
non sa, il meschino,
quel che l'aspetta;
invano accumula,
invan s'arrabbia,
è chiuso in gabbia,
non può scappar.
Invano accumula
progetti e calcoli,
non sa che fabbrica
castelli in aria:
non vede, il semplice,
che nella trappola
da sé medesimo
si va a gettar.

321. *(para sí)*
El pobrecillo
sueña con la venganza,
no sabe, el infeliz,
lo que le espera.
En vano acumula,
en vane rabia,
está acorralado,
no puede escapar.
En vano acumula
proyectos y cálculos,
no sabe que levanta
castillos en el aire.
No ve, el muy simple,
que en la trampa
por sí solo
va a caer.

Escena Segunda

(En el bosquecillo del Jardín)

ERNESTO
Com'è gentil
la notte a mezzo april!
È azzurro i ciel,
la luna è senza vel:
tutto è languor,
pace, mistero, amor!
Ben mio, perché
ancor non vieni a me?
Formano l'aure
d'amore accenti!
Del rio nel murmure
sospiri senti;
il tuo fedel
si strugge di dolor.
Nina crudel,
mi vuoi veder morir!
Poi quando sarò morto,
piangerai,
ma ritornarmi in vita
non potrai.

(entra Norina)

322. ¡Qué noche gentil
de mediados de abril!
¡Azul está el cielo,
y la luna sin velo!
¡Todo es languidez,
paz, misterio, amor!
Ven mi bien,
¿por qué no llegas aún?
¡Susurra la brisa
acentos de amor!
En el murmullo del río
oye los suspiros;
tu fiel enamorado
se consume de dolor.
Niña cruel,
¡quieres verme morir!
Cuando esté muerto,
llorarás,
pero ya a la vida
volverme no podrás.

(entra Norina)

ERNESTO, NORINA
Tornami a dir che m'ami
dimmi che mio/mia tu sei;
quando tuo ben mi chiami
la vita addoppi in me.
La voce tua si cara
rinfranca il cuore oppresso.
Sincuro/Sincura a te dappresso,
tremo lontan da te.

323. Vuelve a decirme que me amas,
dime que eres mío/a;
cuando tú, bien mío, me llamas,
se redobla en mi la vida.
Tu voz tan querida
alienta el corazón oprimido.
Seguro/Segura a tu lado,
tiemblo lejos de ti.

DON PASQUALE
Eccoli; attendi ben ...

324. Aquí están; atención ...

Italiano		Español
DOTTOR MALATESTA Mi raccomando ...	325.	Cuidado ...
(Ernesto s'occulta.)		*(Ernesto se separa de Norina y se oculta.)*
DON PASQUALE Alto là!	326.	¡Alto ahi!
NORINA Ladri, aiuto!	327.	¡Ladrones, socorro!
DON PASQUALE Zitto! Ov'è il drudo?	328.	¡Silencio! ¿Dónde está vuestro amante?
NORINA Chi?	329.	¿Quien?
DON PASQUALE Colui che stava con voi qui amoreggiando.	330.	¡El que estaba aquí flirteando con vos!
NORINA Signor mio, mi meraviglio, qui non v'era alcuno!	331.	Señor mío, me admiro. ¡Aquí no había nadie!
DOTTOR MALATESTA *(fra sè)* Che faccia tosta!	332.	*(para sí)* ¡Qué caradura!
DON PASQUALE Che mentir sfacciato! Saprò ben io trovarlo.	333.	¡Qué descarada mentira! Yo lo sabré encontrar.
NORINA Vi ripeto che qui non v'era alcun, che voi sognate.	334.	Le repito que aquí no había nadie, Vos estáis soñando.
DON PASQUALE A quest'ora in giardin che facevate?	335.	¿Qué hacíais en el jardín a estas horas?
NORINA Stavo prendendo il fresco.	336.	Estaba tomando el fresco.

DON PASQUALE
Il fresco! Ah, donna indegna!
Fuor di mia casa, o ch'io ...

337. ¡El fresco! ¡Ah, mujer indigna!
Fuera de mi casa, o ...

NORINA
Ehi, ehi, signor marito
su che tuon la prendete?

338. ¡Hey, hey, señor marido!
¿Qué tono es éste?

DON PASQUALE
Uscite, e presto.

339. ¡Sal, y aprisa!

NORINA
Nemmen per sogno.
È casa mia, vi resta.

340. Ni en sueños.
¡Esta es mi casa y aquí me quedo!

DON PASQUALE
Carpa di mille bombe!

341. ¡Por mil bombas!

DOTTOR MALATESTA
Don Pasquale,
lasciate fare a me; solo badate
a non smentirmi; ho carta bianca ...

342. Don Pasquale, dejadme hacer a mí,
procurad tan sólo no contradecirme.
¿Tenga carta blanca? ...

DON PASQUALE
È inteso.

343. De acuerdo.

NORINA
(fra sè)
Il bello adesso viene.

344. *(para sí)*
Ahora viene lo bueno.

DOTTOR MALATESTA
(a Norina sottovoce)
Stupor misto di sdegno.
Attenta bene.

345. *(a Norina en voz baja)*
Estupor mezclado con indignación.
Muy atenta.

(in alta voce)
Sorella, udite,
io parlo de vostro ben!
Vorrei risparrniarvi uno sfregia.

(en voz alta)
¡Hermana, escucha,
hablo por tu bien!
Quisiera ahorrarte un disgusto.

NORINA
A me uno sfregio!

346. ¿A mí un disgusto?

DOTTOR MALATESTA

(sottovoce)
Benissimo.

(in alta voce)
Domani
in questa casa
entra la nuova sposa.

347. *(en voz baja)*
Perfectamente.

(en voz alta)
Mañana
en esta casa
entrará la nueva esposa.

NORINA

Un'altra donna! A me un'ingiuria!

348. ¡Otra mujer! ¡A mí tal ofensa!

DOTTOR MALATESTA

(sottovoce)
Ecco il momenta di mantare in furia.

349. *(en voz baja)*
Ha llegado el momento de montar en cólera.

NORINA

Sposa di chi?

350. ¿Esposo de quién?

DOTTOR MALATESTA

D'Ernesto, la Norina.

351. De Ernesto, Norina.

NORINA

Quella vedova scaltra e civettina!

352. ¡Esa viuda taimada y coqueta!

DON PASQUALE

Bravo, dottore!

353. ¡Bravo, doctor!

DOTTOR MALATESTA

(sottovoce)
Siamo a cavallo.

354. *(en voz baja)*
Estamos salvados.

NORINA

Colei qui a mio dispetto!
Norina ed io sotto l'istesso tetto!
Giammai! Parto piuttosto!

355. ¿Ésa aquí contra mi voluntad?
¿Norina y yo bajo el mismo techo?
¡Jamás! ¡Antes me voy!

DON PASQUALE

Ah! lo volesse il ciel!

356. ¡Ah, así lo quiera el cielo!

NORINA

Ma ... piano un poco ...
Se queste nozze poi fossero un gioco!
Vo' sincerarmi pria.

357. Pero ... un momento ...
¿Y si esas bodas fueran un ardid?
Antes quiero asegurarme.

DOTTOR MALATESTA
È giusto.

358. Es justo.

(a don Pasquale)
Don Pasquale, non c'è via:
qui bisogna sposar quei due davvero,
se no, costei non va.

(a don Pasquale)
Don Pasquale, no hay otra salida:
o casamos de verdad a esos dos,
o está mujer no se va.

DON PASQUALE
Non mi par vero.

359. Me parece imposible.

DOTTOR MALATESTA
(gridando dentro)
Ehi! di casa, qualcuno.
Ernesto ...

360. *(gritando hacia la casa)*
¡Ah de la casa! ... ¿Hay alguien ahí? ...
¡Ernesto! ...

ERNESTO
Eccomi.

361. ¡Estoy aquí!

DOTTOR MALATESTA
A voi accorda Don Pasquale
la mana di Norina,
e un annuo assegno
di quattromila scudi.

362. Don Pasquale te concede
la mano de Norina,
y una asignación anual
de cuatro mil escudos.

ERNESTO
Ah! caro zio! È fia ver?

363. ¡Ah, querido tío! ¿Es cierto?

DOTTOR MALATESTA
(a don Pasquale)
D'esitar non è più tempo, dite di si.

364. *(a don Pasquale)*
No es momento de dudar, diga que sí.

NORINA
M'oppongo!

365. ¡Me opongo!

DON PASQUALE
Ed io consento.

366. ¡Y yo apruebo!

(a Ernesto)
Corri a prender Norina,
recala e vi fo sposi sul momento.

(a Ernesto)
Corre a buscar a Norina,
tráela y os casaré al momento.

DOTTOR MALATESTA
Senz'andar lungi la sposa è presta.

367. Sin ir más lejos, la esposa ya está dispuesta.

DON PASQUALE Come? Spiegatevi ...	368.	¿Cómo? Explicaos ...
DOTTOR MALATESTA Norina è questa.	369.	Ésta es Norina.
DON PASQUALE Quella? ... Norina ... Che tradimento! Dunque Sofronia? ...	370.	¿Esa? ... ¿Norina? ... ¡Traición! ¿Entonces, Sofronia ... ?
DOTTOR MALATESTA Dura in convento.	371.	Sigue en el convento.
DON PASQUALE È il matrimonio?	372.	¿Y el matrimonio?
DOTTOR MALATESTA Fu mio pensiero il modo a toglervi di farne un vero in nodo stringervi di nullo effetto.	373.	Fue idea mía simular el vínculo, y así evitar que vos realizarais uno auténtico.
DON PASQUALE Ah, bricconissimi! ... Vero non parmi! Ciel, ti ringrazio! Cosi ingannarmi! Meritereste ...	374.	¡Ah, bribones! ¡Me parece imposible! ¡Señor, te doy gracias! ¡Engañarme de ese modo! Merecen ...
DOTTOR MALATESTA Via, siate buono.	375.	Vamos, sed bueno.
ERNESTO Deh! zio, movetevi!	376.	¡Tío, perdónenos!
NORINA Grazia, perdono!	377.	¡Gracia, perdón!
DON PASQUALE Tutto dimentico, siate felici; com'io v'unisco, v'unisca il ciel!	378.	Todo lo olvido, sed felices. ¡Come yo os uno así os una el cielo!
DOTTOR MALATESTA Bravo, bravo, Don Pasquale! La morale è molto bella.	379.	¡Bravo, bravo, don Pasquale! La moraleja es muy buena.

DOTTOR MALATESTA, ERNESTO

La morale è molto bella,
Don Pasqual l'applichera;
quella cara bricconcella
lunga più di noi la sa.

380. La moraleja es muy buena.
Don Pasquale la aprenderá
y a la querida bribonzuela
nunca más olvidará.

DON PASQUALE

La morale è molto bella,
Don Pasqual l'applicherà;
sei pur fina, o bricconcella,
m'hai servito come va.

381. La moraleja es muy buena
y don Pasquale la aprenderá.
Qué astuta eres, bribonzuela,
me has dado una lección.

NORINA

La moral di tutto questo
assai facil di trovarsi.
Vela dico presto, presto
se vi piace d'ascoltar.
Ben è scerno di cervello
chi s'ammoglia in vecchia eta;
va a cercar col campanello
noie e doglie in quantità.

382. La moraleja de todo esto
es muy fácil de encontrar.
Se las digo en un momento
si les place escucharla.
Está bien flojo de juicio
el que se casa de viejo,
va a buscar a propósito
disgustos y fastidios en cantidad.

FIN

Biografía de Gaetano Donizetti

Domenico Gaetano Maria Donizetti nació en Bérgamo Italia el 29 de Noviembre de 1797, en su familia no había músicos pero en 1806 ingresó a la escuela gratuita Lezioni Caritatevoli de Bérgamo en donde formaban coristas e instrumentistas dedicados a la música sacra. Ahí, aprendió fuga y contrapunto y este fue el momento en que inició su carrera operística.

Inicialmente escribió tres óperas que no tuvieron ningún impacto favorable, pero su cuarta ópera llamada Zoraida di Granata impresionó mucho a Domenico Barbaia que era administrador de teatros quien le ofreció un contrato para componer en la Ciudad de Nápoles.

Junto a Bellini y Rossini formó la triada de compositores italianos que dominaron el escenario operístico, hasta la llegada de Verdi. En 1818 compuso su ópera *Enrico di Borbogna* que fue todo un éxito. *Anna Bolena*, *L'Elisir d'Amore*, *Maria Stuarda*, *Lucia de Lammermoor* triunfaron entre 1830 y 1835.

En 1830 *Anna Bolena* fue premiada en Milán y dos años después triunfó *L'Elisir d'Amore* y luego su *Lucia de Lammermoor* que llegó a ser su ópera mas famosa. Un gran éxito fué el estreno en Paris de *La Fille du Régiment* en 1840 y otro mas en 1843 con *Don Pasquale*.

Virginia Vasselli fue la esposa de Donizetti, con ella procreó tres hijos que fallecieron durante la infancia, poco después murió ella afectada por el cólera.

Durante los últimos años de su vida, Donizetti mostró síntomas de deterioro mental debido a la sífilis que padecía, fue atendido primero en Paris y después en Bérgamo en donde falleció el 8 de Abril de 1848. Fue sepultado en la Basílica de Santa Maria la Mayor en Bérgamo.

De las 75 óperas que compuso, las mas conocidas son:

L'Élisir d'Amore
Belisario
Don Pasquale
Maria Stuarda
Lucrecia Borgia
La Fille du Régiment
Poliuto
Linda de Chamonix
Pigmalione
Lucia de Lammermoor
La Favorita
La Zingara
Roberto Deveraux

℘

Acerca de Estas Traducciones

El Dr. Eduardo Enrique Prado A. nació en 1937 en el norte de México, estudió la carrera de medicina y se especializó en cáncer ginecológico y cáncer de mama. Ejerció su carrera durante 40 años y finalmente llegó a la edad del retiro.

Desde la edad de 42 años, se hizo aficionado a la ópera y a la música clásica y formó parte de un grupo de amigos aficionados a estas disciplinas. Tuvo la oportunidad de asistir a funciones operísticas en la Ciudad de México, en Guadalajara México, en Toluca México, en Mazatlán México, en Seattle, en Madrid y en Londres. Organizó en la Ciudad de Mazatlán tres conciertos de música clásica, uno de ellos en la catedral.

Después de retirarse de la medicina, se dedicó a traducir al español óperas de Verdi, Puccini, Mozart, Donizetti, Bizet, Leoncavallo, Mascagni, y Rossini, sumando un total de 31.

Jugum Press y Ópera en Español

Prensa publica estas traducciones de ópera por Dr. E.Enrique Prado:

Vincenzo Bellini:
Norma

Georges Bizet:
Carmen

Gaetano Donizetti:
Anna Bolena, Don Pasquale,
Lucia di Lammermoor, Lucrezia Borgia

Ruggero Leoncavallo:
I Pagliacci

Pietro Mascagni:
Cavalleria Rusticana

Wolfgang Amadeus Mozart:
Die Zauberflöte, Don Giovanni, Le Nozze di Figaro

Giacomo Puccini:
La Boheme, La Fanciulla del West, Madama Butterfly, Manon Lescaut, Tosca
El Tríptico: *Gianni Schicchi, Suor Angelica, Il Tabarro*

Giacchino Rossini:
Il Barbiere Di Siviglia, La Cenerentola

Giuseppe Verdi:
Aida, Un Ballo in Maschera, Don Carlo, Ernani, Falstaff, La Forza del Destino, I Lombardi, Macbeth, Nabucco, Otello, Rigoletto, Simon Boccanegra, La Traviata, Il Trovatore

Para información y disponibilidad, por favor vea
www.operaenespanol.com
Correo: JugumPress@outlook.com
Síganos en Twitter: @jugumpress
Regístrate para nuestras noticias: http://eepurl.com/5m7tj

www.ingramcontent.com/pod-product-compliance
Lightning Source LLC
Chambersburg PA
CBHW081302040426
42452CB00014B/2610

9781939423634